Fiche **philosophe**

Par Philippe Staudt

Nietzsche

lePetitPhilosophe.fr

NIETZSCHE

PHILOSOPHE ALLEMAND CRITIQUE DE LA CULTURE EUROPÉENNE

- **Né en 1844 à Röcken (Saxe prussienne)**
- **Décédé en 1900 à Weimar**
- **Quelques-unes de ses œuvres :**
  - *Ainsi parlait Zarathoustra* (1883-1885)
  - *Par-delà bien et mal* (1886)
  - *La Généalogie de la morale* (1887)

Penseur virulent et acerbe, Friedrich Nietzsche est connu pour sa **critique radicale de la philosophie occidentale**, qu'il cherche à confronter à ses propres prétentions. Alors que les philosophes s'interrogent, par exemple, sur la manière d'atteindre la vérité ou de fonder une vie bonne, Nietzsche se demande quant à lui ce que valent le vrai et le bien. Il est ainsi le premier penseur à **introduire en philoso-phie la notion de valeur**.

Les grandes notions philosophiques, telles que la vérité, le bien ou le bonheur, n'ont pas une valeur absolue dont la dignité les placerait au-delà de l'interrogation philosophique. Elles sont en effet des manifestations de croyances et de préférences. L'enjeu de la philosophie de Nietzsche est de découvrir quelles sont ces croyances et ces préférences.

BIOGRAPHIE

UNE ENFANCE BRILLANTE

Friedrich Wilhelm Nietzsche **nait en 1844** à Röcken, un petit village de Saxe, au Sud-Ouest de Leipzig. Ce territoire appartient alors à la **Prusse**, et c'est en l'honneur de son roi, Frédéric-Guillaume IV (1795-1861), que Nietzsche reçoit ces deux prénoms. Son père, pasteur luthérien, décède avant que le petit Friedrich n'ait atteint l'âge de quatre ans. Exclusivement **entouré de femmes**, parmi lesquelles sa mère, sa sœur Elisabeth, sa grand-mère et ses deux tantes, Nietzsche passe une **enfance pieuse et choyée**.

BON À SAVOIR

Le **luthéranisme** désigne la doctrine de Martin Luther (1483-1546), théologien allemand à l'origine de la Réforme protestante. Il s'agit d'un mouvement religieux qui, au XVIe siècle, s'est opposé à l'Église catholique romaine : il critiquait les excès du clergé, prônait la diffusion des Écritures et refusait d'en faire une lecture dogmatique.

Après d'excellentes études au gymnase (lycée) réputé de Pforta, en **1864**, il devient **étudiant en philologie et en théologie** à l'université de Bonn puis à Leipzig. La découverte enthousiaste de la pensée d'**Arthur Schopenhauer** (1788-1860) pendant ses études aura par la suite une profonde influence sur sa pensée. Parallèlement, il se consacre à l'écriture musicale.

UNE SANTÉ FRAGILE

En **1869**, il devient **professeur de philologie classique** à l'université de Bâle alors même qu'il n'a pas défendu sa thèse. C'est là qu'il fait la rencontre du compositeur **Richard Wagner** (1813-1883), qu'il fréquente jusqu'en 1872. Cette même année, il publie *La Naissance de la tragédie. Hellénisme et pessimisme*, ouvrage dédié au musicien et dans lequel il critique notamment l'idéalisme de Platon (vers 427-347 av. J.-C.). Peu après, Nietzsche rompt cependant avec la dramaturgie de Wagner et avec la philosophie de Schopenhauer, ses deux maitres à penser.

Lors de la **guerre contre la France**, Nietzsche s'engage brièvement en 1871 comme **infirmier** dans l'armée prussienne. L'expérience le laisse **bouleversé**. Peu de temps après apparaissent les premiers symptômes d'une santé précaire : il souffre de **maux de tête** et de **troubles oculaires** qui lui font craindre une perte définitive de la vue. C'est pour cette raison que Nietzsche met fin, en **1879**, à sa carrière de professeur. Il perçoit une maigre **retraite** et commence une **vie de quasi-errance** entre les Alpes et la Méditerranée. En 1882, il fait la rencontre de Lou Andreas-Salomé, femmes de lettres allemande, mais leur relation n'aboutit pas, comme il l'eût espéré, sur un mariage.

BON À SAVOIR

La **guerre franco-prussienne** a opposé la France de

Napoléon III (1808-1873) aux États allemands de 1870 à 1871 et s'est conclue sur une victoire prussienne. Cette victoire permet à Guillaume Ier d'accéder au trône impérial allemand et scelle l'unité allemande.

UNE PHILOSOPHIE FULGURANTE

Ces années d'errance voient la naissance de l'œuvre du philosophe : en moins de vingt ans, Nietzsche écrit **quinze ouvrages** ainsi que quantité d'écrits qui ne paraitront qu'après sa mort. Il entend rendre compte d'un réel fait d'innombrables perspectives et se montre critique vis-à-vis des systèmes établis, par exemple celui de René Descartes (1596-1650).

Les thèmes du nihilisme et de la décadence sont présents dès ses premiers ouvrages. Pourtant, c'est seulement à partir du **Gai Savoir** (1882), et principalement dans **Ainsi parlait Zarathoustra** (1883-1885), **Par-delà bien et mal** (1886) et **La Généalogie de la morale** (1887), que les concepts les plus célèbres du philosophe font leur apparition : volonté de puissance, éternel retour du même, mort de Dieu, surhomme.

Parmi ses œuvres, citons également *Humain, trop humain* (1878-1880), *Aurore* (1881), *Le Crépuscule des idoles* (1888), *Cas Wagner* (1888), *L'Antéchrist* (1888) ou encore *Ecce homo* (1888). Précisons que le philosophe a aussi laissé derrière lui beaucoup de textes non compilés, dont l'ordre reste inconnu.

LA POSTÉRITÉ CONTROVERSÉE DE NIETZSCHE

En **1889**, sur la place Carlo Alberto de Turin, Nietzsche embrasse un cheval de fiacre battu par son cocher et **sombre dans la folie**. Il demeure **paralysé et apathique** jusqu'à sa mort, en **1900**.

Sa sœur entreprend, à partir de **1901**, la compilation de ses derniers textes et les regroupe sous le titre *La Volonté de puissance*. Cette édition reste **controversée**, aujourd'hui encore, en raison de la folie de Nietzsche, de l'agencement arbitraire des aphorismes et des affinités revendiquées de la sœur de l'auteur avec le national-socialisme.

Il faut attendre **la seconde moitié du XXᵉ siècle** pour que des travaux fassent apparaitre **les véritables enjeux de l'œuvre de Nietzsche**. Dès lors, sa pensée devient incontournable.

CONTEXTE PHILOSOPHIQUE

SCHOPENHAUER : UNE MÉTAPHYSIQUE DE LA VOLONTÉ

Schopenhauer, philosophe allemand du début du XIXᵉ siècle, introduit l'hindouisme dans la pensée occidentale. Sa démarche consiste en une **synthèse de la philosophie kantienne et de la religion hindoue**.

L'analyse du monde chez **Emmanuel Kant** (1724-1804) passe par une distinction fondamentale entre :

- **la chose en soi**, la chose telle qu'elle est en elle-même,
- et **le phénomène**, la chose telle qu'elle apparait à la conscience.
- **Schopenhauer** reprend cette distinction tout en la transformant :
- il interprète en effet la chose en soi en termes de « volonté ». **Le monde est l'expression d'une volonté une, indestructible et libre** ;
- le phénomène est quant à lui la représentation que notre raison se fait de cette volonté. Entre notre connaissance et le monde tel qu'il est véritablement se dresse ce que Schopenhauer nomme un « voile de Maya » : **toute connaissance rationnelle est une illusion**.

Nous pouvons cependant avoir une **connaissance intuitive de la volonté**. Deux expériences nous mettent immédiatement en contact avec elle : **la sexualité et la compassion**. L'expérience de la compassion nous fait partager la souffrance d'autrui. Or cette souffrance est l'expression de la volonté que Schopenhauer voit au principe de l'être. En effet, **la volonté, aussi appelée le « vouloir-vivre », est essentiellement souffrance**, car elle nous pousse sans cesse à l'activité : le repos, l'apaisement dans une situation constante et stable de plaisir est impossible. C'est pourquoi Schopenhauer recommande, pour atteindre le bonheur, **la résignation à ne plus vouloir**.

Nietzsche trouve dans la philosophie de Schopenhauer à la fois **une inspiration décisive** pour sa conception du monde et **une erreur d'interprétation fondamentale** de la volonté. Il voit en effet dans cette éthique de la négation du vouloir la philosophie du nihilisme qu'il combattra.

DARWIN : UNE CONCEPTION SCIENTIFIQUE DES ORIGINES DE L'HOMME

L'Origine des espèces de **Charles Darwin** (1809-1882) parait en 1859 : c'est une révolution. Pour la première fois, il est possible de **rendre compte scientifiquement de l'origine de l'homme**. Darwin découvre un principe interne à la vie, l'évolution, qui possède deux déterminations :

- la variation. La vie n'est pas un phénomène fixe et immuable, elle change et se transforme perpétuellement ;
- la sélection. Le milieu exerce une pression sur les espèces qui sont contraintes de s'adapter pour survivre. La vie est un processus de sélection naturelle des espèces les plus fortes.

Les conclusions des travaux de Darwin **rapprochent l'homme de l'animal**. L'homme ne possède pas une dignité qui distinguerait son essence de celle de l'animal. Par ailleurs, le sens de l'existence humaine est considérablement éprouvé, puisque **l'homme est le fruit du hasard**, non d'un choix divin.

Deux aspects essentiels rapprochent la pensée de **Nietzsche** de celle de Darwin :

- tous deux conçoivent **l'homme actuel** comme **le résultat d'un processus**. Pour Darwin, comme pour Nietzsche, l'homme a été autre qu'il n'est à présent et peut être autre. L'être de l'homme est dû au hasard et à la contingence ;
- Darwin prive l'homme de sa dignité en le rapprochant de l'animal. Or, à travers sa critique de la civilisation, Nietzsche procède à cette même forme d'humiliation de l'homme, car il cherche non pas à émanciper celui-ci de ses liens à la nature, mais à **retrouver l'animal en lui**. Ce qui suscite l'intérêt de Nietzsche, ce sont les instincts et les pulsions humaines.

L'UTILITARISME : UNE MORALE DE L'INTÉRÊT

L'utilitarisme est une morale qui fait de l'intérêt, aussi bien particulier que général, une règle pour nos actions. **Jeremy Bentham** (1748-1832) est, au début du XIXe siècle, le fondateur de cette doctrine.

C'est la première morale à véritablement **rompre avec la pensée chrétienne**, qui repose sur le désintéressement et sur la charité. Bentham modifie radicalement notre conception du bien : **ce n'est plus l'amour de son prochain qui fonde la morale, mais l'intérêt personnel**. L'égoïsme est non seulement compatible avec la moralité, mais il est aussi une voie d'accès au bonheur.

Nietzsche est très influencé par cette doctrine. Néanmoins, son objectif est de saisir **le concept d'un intérêt à la vie**, non pas celui de l'intérêt au bonheur personnel.

PENSÉE ET APPORT

Nietzsche a essentiellement développé une **philosophie morale**. Il entend examiner nos actions, pour comprendre le sens et la valeur de ce que nous faisons.

Nous verrons tout d'abord que les difficultés posées par **l'écriture de Nietzsche** sont essentielles à la compréhension de sa philosophie. Puis nous nous arrêterons sur **sa critique de la civilisation**, avant d'aborder **l'aspect positif et créateur de sa pensée**.

SOUPÇON ET SUBVERSION

Le problème de l'écriture de Nietzsche

Nietzsche est-il un philosophe ? La question s'est longtemps posée. Il ne serait pour certains qu'un simple **polémiste**, voire un **poète**, doué certes, mais n'apportant aucune connaissance nouvelle. Le choix de **l'aphorisme** (phrase résumant en quelques mots l'essentiel d'une idée ou d'une théorie) comme forme d'écriture, ainsi qu'un **langage métaphorique** témoigneraient d'une **désinvolture contraire à la pensée philosophique**. Le seul mérite de Nietzsche, en tant que philosophe, aurait été de faire apparaitre le problème du fondement de la métaphysique. Il ne serait qu'un « **philosophe du soupçon** » dont l'œuvre se bornerait à une critique anarchique de la métaphysique et de la morale.

Or une lecture plus attentive de ses textes fait au contraire apparaitre **une cohérence et un réel projet philosophique**. Certes, la pensée de Nietzsche déroute le lecteur, car **il refuse toute présentation systématique** de sa philosophie. On ne trouve pas chez cet auteur des thèses explicites, des arguments démonstratifs et des concepts clairement définis. Il arrive même que Nietzsche soutienne des **positions contradictoires**. Néanmoins, ces contradictions, loin d'être involontaires, sont utilisées pour exprimer sa pensée et atteindre son objectif. L'ambiguïté devient, avec Nietzsche, un instrument philosophique.

L'honnêteté intellectuelle et la plongée dans les profondeurs

La cohérence de la pensée nietzschéenne réside dans son intention d'honnêteté intellectuelle. Nietzsche veut **démasquer les motifs non rationnels à l'origine de nos conceptions philosophiques**. Derrière les prétentions à l'objectivité d'une pensée, Nietzsche voit au contraire la subjectivité du penseur : la raison et la conscience ne sont pas selon lui les principes de la pensée. Celle-ci a pour ainsi dire un « sous-sol ». En d'autres termes, ce qui est présent à l'esprit a une origine cachée à laquelle nous ne pouvons accéder immédiatement.

Dès lors, **la raison pour laquelle Nietzsche refuse le langage traditionnel de la philosophie est liée au problème de faire apparaitre cette pensée au-delà de la conscience**. Il est nécessaire pour cela de passer par des détours et de subvertir – littéralement, de renverser – le langage philosophique. D'où la présence abondante dans les textes de Nietzsche de **métaphores**, de **symboles**, de **formules ironiques** et de **contradictions**. Nietzsche n'est donc pas un poète : il est à la recherche de nouveaux moyens d'expression à mettre au service de son projet philosophique.

LUTTER CONTRE LA DÉCADENCE

La décadence, un problème philosophique

« Ma préoccupation la plus intime a toujours été en fait le problème de la décadence. » C'est avec ces mots que Nietzsche, dans l'avant-propos au *Cas Wagner*, résume l'ensemble de son œuvre. La décadence est ce contre quoi se dresse toute la philosophie nietzschéenne. Mais qu'est-ce que Nietzsche entend exactement par ce terme ?

Pour lui, **la décadence correspond à un état de la volonté** : l'homme devient décadent lorsqu'il ne parvient plus à vouloir. Autrement dit, la décadence est **une faiblesse de la volonté**. À l'origine de la décadence se trouve un problème de hiérarchie des pulsions : l'individu est dominé par un conflit entre ses pulsions dont aucune ne sort gagnante, ce qui rend toute volonté impossible.

Chez Nietzsche, la décadence n'est donc pas tant un problème politique qu'**un problème physique** : il s'agit d'un affaiblissement de l'homme chez qui la volonté s'épuise, jusqu'à disparaitre.

La science et la culture en question

Au **XIXe siècle**, la civilisation européenne triomphe dans le sens où rien ne semble faire obstacle à **l'émancipation de l'homme par rapport à la nature** :

- d'un côté, **la science** lui assure une maitrise inouïe des forces naturelles ;
- de l'autre, **la culture**, c'est-à-dire la philosophie, l'art et la littérature, semble l'avoir définitivement arraché au règne animal.

Or, pour Nietzsche, **la civilisation européenne** – qu'il appelle judéo-chrétienne – **est la cause de la décadence** : elle entraine un affaiblissement de la volonté humaine. En soutenant cette thèse, il introduit un point de vue tout à fait nouveau sur les notions de science et de culture. Pour la première fois, en effet, on commence à douter de leur valeur. **Comment ces disciplines, qui semblent pourtant les plus émancipatrices de l'humanité, peuvent-elles constituer un risque pour l'homme ?** Autrement dit, comment la science et la culture peuvent-elles le conduire à la décadence, affaiblir sa volonté ?

Le corps comme fil conducteur

Nietzsche soupçonne **la science et la culture** de **nier la réalité de la nature** plus que de la révéler :

- la science cherche des lois constantes et permanentes

pour expliquer les phénomènes naturels ;

- la culture cherche à former et à éduquer l'homme en rabaissant ses instincts.

Le projet d'émancipation de l'homme apparait alors comme une négation de la nature. Par conséquent, **la civilisation se définit par un jugement de valeur négatif sur la nature**, or un jugement de valeur est toujours subjectif. Par conséquent, la civilisation n'est fondée sur aucun principe rationnel, objectif et universel.

Cette dénonciation du fondement subjectif de la civilisation constitue la première partie de la critique nietzschéenne de la civilisation. Le philosophe veut cependant aller plus loin et analyser les ressorts cachés de la dévalorisation de la nature. Pour cela, **il renverse le point de vue habituel sur l'existence humaine** : alors que c'était jusque-là la raison qui permettait de comprendre l'homme, chez Nietzsche, **c'est le corps, compris comme l'expression de la nature en l'homme, qui devient le critère d'interprétation du monde** (<u>citation 1</u>). En d'autres termes, c'est le corps et non plus la raison qui nous permet de comprendre le sens de l'existence humaine. Les instincts et les pulsions du corps, expressions de la nature, sont plus essentiels à l'homme que les idées de la raison.

<u>**BON À SAVOIR**</u>

Dans la tradition philosophique occidentale, **le corps** est avant tout compris par opposition à l'âme. Il est, sous la forme des passions, des instincts et des pulsions, l'expression de la nature en l'homme. Pour les philosophes idéalistes, le corps est ce qu'il y a de plus vil en l'homme et prive ce dernier de ce qu'il possède de spécifiquement humain : l'âme, la conscience, la raison. Il s'agit dès lors de ne plus suivre les sollicitations de la nature et d'écouter sa raison.

Le point le plus fort de l'analyse de Nietzsche consiste à montrer que **la négation de la nature dans la civilisation est une négation de l'homme lui-même**. Dès lors, la civilisation constitue un risque pour l'homme.

La vie comme valeur absolue

Ainsi, selon Nietzsche :

- d'une part, la civilisation n'est pas fondée sur un principe rationnel, mais sur un jugement de valeur sur la nature ;
- d'autre part, ce jugement de valeur n'est pas justifié, car il repose sur un préjugé faisant de la raison la partie la plus noble de l'homme.

Cependant, cela ne suffit pas à justifier la critique nietzschéenne de la civilisation. À ce stade, **Nietzsche ne peut opposer à la négation de la nature qu'un préjugé contraire : la nature, c'est un bien**. Dès lors, pour échapper au relativisme, **il doit faire valoir un principe qui dépasse son opinion personnelle**.

Il y a selon lui **une valeur absolue** qui ne peut être relativisée, qui ne dépend pas d'un simple jugement personnel, que l'on ne peut critiquer sans dévaloriser sa propre condition : **c'est la vie**. Lorsqu'on dévalue la vie, pour Nietzsche, on fait bien plus qu'exprimer une opinion : on nie purement et simplement l'être. Pour justifier son propos, le philosophe montre que **la vie est ce qui définit l'être**.

L'au-delà ou la peur de la vie

Or si c'est la vie qui définit l'existence humaine, cela signifie qu'**il n'y a pas de vie après la mort**. Le philosophe nie par la même occasion l'immortalité de l'âme humaine. Avec la croyance en une vie après la mort, la civilisation judéo-chré-tienne pense le sens de l'existence humaine par rapport à un arrière-monde et fait de l'existence terrestre une épreuve. Pour Nietzsche, **la croyance en l'au-delà est motivée par la peur de la vie**. Que ce soit par le travail quotidien, les guerres, les injustices, la cruauté, le désir, le change-ment, etc., l'image la plus persistante que la vie présente à l'homme est la souffrance. D'où la négation de la vie et la croyance en l'au-delà.

Nietzsche, quant à lui, refuse catégoriquement de concevoir le sens de l'existence en regard de l'espoir d'un monde meilleur. Selon lui, **la vie terrestre est le seul horizon de l'homme**. Il développe ainsi une nouvelle conception de l'être où être, c'est vivre. Cette équation fait de la vie la valeur la plus haute : **aucune valeur ne lui est supérieure**. C'est elle qui sert de fondement à nos jugements sur les choses et de principe pour nos actions. Par conséquent, on ne peut pas juger la vie. Juger la vie, c'est d'emblée la nier. De quel point de vue en effet pourrions-nous juger la vie ? Nietzsche remarque que **c'est nécessairement du point de**

vue du rien, du néant, de la mort, que l'on critique la vie.
C'est ce qu'il appelle le **nihilisme**.

La civilisation comme négation de la vie

Or qu'est-ce que **la civilisation** sinon **une forme de nihilisme** ? L'origine du jugement de valeur négatif sur la nature
tient à l'identification du corps comme cause de souffrance.
Autrement dit, si on dévalorise la nature, c'est parce que
celle-ci est associée au corps, lui-même vu comme une
source de souffrance. La part rationnelle de l'homme lui
donne cependant l'espoir que son existence ne se limite pas
à une souffrance absurde : l'homme n'est pas qu'un corps, il
y a quelque chose de plus noble en lui que la nature, à savoir
sa raison. Ainsi, la raison est valorisée tandis que le corps est
rabaissé. La civilisation est l'entreprise par laquelle l'homme
doit affirmer sa part spirituelle et nier sa part naturelle.

Nietzsche découvre, **sous l'apparente rationalité de la civilisation, un motif irrationnel : la peur de l'être comme
souffrance**. Par conséquent, la civilisation est bien négation
de la vie : **on nie la réalité de la souffrance**. Au lieu d'éduquer la volonté à l'affirmation de la vie, elle nous entraine à
la nier au nom d'illusions de la raison, affaiblissant ainsi la
volonté. Plutôt que de nous donner les moyens de supporter
la souffrance, elle critique le monde en n'y voyant qu'une
simple apparence et en situant la vraie vie ailleurs, dans
l'au-delà. L'homme finit alors par perdre tout égard pour le
monde. Or, puisque la volonté est ce qui attache l'homme
à la vie, l'affaiblissement de la volonté est le signe d'un
détachement du monde.

Le nihilisme

En luttant contre la décadence, Nietzsche entend en quelque sorte « sauver l'être ». C'est ce qui apparait dans sa **critique du nihilisme**. Ce terme vient du latin nihil, qui signifie « rien ». Le nihilisme correspond à cette **perte de volonté** que l'on voit apparaitre dans les périodes de décadence. Il se définit par la **dévalorisation de toutes les valeurs** : « Rien n'a de valeur, tout est indifférent. »

Le nihilisme se manifeste par plusieurs symptômes :

- l'impuissance : le nihiliste est comme paralysé face à l'action et demande « À quoi bon ? » ;
- la disparition de la perception des différences entre les choses : tout devient égal, identique ;
- le sentiment que rien n'a de sens (citation 2).

Mais, pour Nietzsche, puisque même la volonté la plus faible ne peut s'empêcher de vouloir, **le nihiliste en vient à vouloir le néant lui-même**. Le danger du nihilisme est dès lors bien réel. Lorsque la volonté ne veut plus rien, elle finit par se retourner contre elle-même. Ainsi, sous sa forme la plus extrême, le nihilisme se manifeste comme une pure et simple volonté de mort.

Nietzsche distingue cependant **deux types de nihilisme** :

- **le nihilisme passif**, qui est **destructeur**. Il se complait dans la dévalorisation et s'épuise définitivement dans la négation du monde et de l'être ;
- **le nihilisme actif** qui, au contraire, est **créateur**. Le

sentiment de perte des valeurs en inspire de nouvelles. La perte du sens est ainsi l'occasion d'une renaissance.

Comment lutter contre cette volonté destructrice que Nietzsche aperçoit au cœur de la civilisation européenne ?

LA PENSÉE ET LA VIE

La vérité, une valeur comme une autre

Depuis **Descartes**, la connaissance est comprise comme une représentation du monde. Grâce à la conscience, le sujet cherche à parvenir à une vue claire et distincte des choses, c'est-à-dire qu'il cherche à **atteindre la vérité**. Quant à **la sensibilité**, elle **est mise à l'écart**, car elle est jugée trompeuse : le monde tel qu'il est perçu par les sens change sans cesse. Or penser le monde, pour Descartes, comme pour toute la métaphysique depuis Platon, revient à connaitre une réalité une et identique.

Inversement, pour **Nietzsche** :

- d'une part, **l'homme appréhende le monde par le biais de sa sensibilité**, qui n'est pas distincte de son intellect : selon le philosophe, sentir, c'est penser ;
- d'autre part, **la philosophie ne consiste pas à chercher la vérité et à se représenter le monde**. Le philosophe va même plus loin en faisant de la vérité une valeur comme une autre. En effet, pourquoi préférerions-nous la vérité à l'erreur ? Pourquoi le faux aurait-il moins de valeur que le vrai ? Pour lui, **la vérité est un mensonge sur la véritable nature du monde** (citation 3).

Il montre que la vérité a une valeur relative à la vie et aux conditions d'existence de l'homme : nous cherchons la vérité parce qu'**elle est utile à la vie**. C'est pourquoi Nietzsche ne voit dans la vérité qu'une certaine interprétation du monde.

Connaissance *versus* interprétation

Aux yeux du philosophe, **la connaissance est elle-même une illusion** derrière laquelle les penseurs et les hommes de science dissimulent l'épuisement de leur volonté à vivre. **Nietzsche substitue à la connaissance l'interprétation**, définie comme une attitude pratique tandis que la connaissance relève d'une attitude théorique.

En effet, en interprétant le monde, **l'homme évalue les choses** : il fait des différences entre les choses et accorde plus de valeur à certaines qu'à d'autres (citation 4). **Ces valeurs ne sont pas théoriques** : elles ont des effets réels sur notre comportement, car **elles reposent sur des croyances**. Or la croyance, contrairement à la connaissance, produit des effets sur la réalité. Cet argument peut être illustré par un exemple très simple. Une personne est agressée dans un train par deux individus. Bien que le wagon soit rempli, personne ne bouge. Pourquoi ? Par leur nombre, les passagers pourraient maitriser les agresseurs. Ce qui les empêche de réagir, c'est la croyance qu'ils seront seuls à s'interposer.

Ainsi, **la croyance s'oppose à la connaissance** :

- celle-ci veut représenter le monde tel qu'il est, indépendamment de la présence de l'homme ;
- or **la croyance refuse toute neutralité face au monde** :

on ne peut séparer nos idées de nos actions. **Penser, c'est déjà agir**. Nietzsche remet en cause la distinction du pratique et du théorique. Toute pensée est une croyance en la valeur d'une chose, et cette croyance est une action sur le monde, car elle donne une certaine forme à la réalité. **La réalité est donc relative à nos interprétations**.

C'est pourquoi, Nietzsche soutient une nouvelle conception de la philosophie. Plutôt qu'en une recherche de la vérité, **la tâche du philosophe doit consister** :

- d'une part, **à interpréter le monde** ;
- d'autre part, **à créer de nouvelles valeurs** et à donner de nouveaux buts à l'humanité.

Le monde comme volonté de puissance

Mais **toutes les interprétations se valent-elles ?** En critiquant la vérité, Nietzsche est à la merci du relativisme. Il manque un critère pour faire la différence entre une bonne et une mauvaise opinion.

La volonté de puissance est précisément **le critère pour établir la valeur d'une interprétation**. Qu'est-ce que la volonté de puissance ? Il ne s'agit nullement d'un désir de domination ni même d'une aspiration au pouvoir. Une telle volonté présenterait au contraire tous les aspects de l'impuissance : l'homme, en recherchant la domination sur autrui, se condamne en effet au manque, car il aspire à quelque chose d'extérieur à sa volonté et devient esclave de ses désirs.

Dans la volonté de puissance au sens où Nietzsche l'entend, c'est la puissance en tant que telle qui définit le concept de volonté. Celle-ci n'est pas une faculté et se distingue radicalement du libre arbitre ou de l'intention. Plus précisément :

- **la volonté** est conçue comme **une multiplicité complexe de pensées, de sentiments et d'affects** ;
- **la puissance** est **ce qui oriente la volonté**, son principe interne. La puissance désigne ainsi ce qui nous permet d'agir. C'est, par exemple, la puissance d'un moteur, non le pouvoir d'un souverain.

Ainsi, **la puissance devient le critère par lequel Nietzsche distingue les différentes interprétations des choses**. Nietzsche fait de notre capacité d'agir sur le monde un principe pour hiérarchiser les différentes interprétations. Il y a ainsi :

- d'une part, **des valeurs morbides**, qui affaiblissent et diminuent la volonté et, par là, rendent toute action impossible ;
- d'autre part, **des valeurs joyeuses**, qui au contraire renforcent et augmentent la volonté de puissance.

La méthode généalogique

La méthode de Nietzsche pour retrouver les croyances et les valeurs à l'origine de notre compréhension du monde, afin d'en déterminer la valeur du point de vue de la vie, est **la généalogie**, c'est-à-dire la recherche de l'origine (*genea* en grec).

Grâce à cette méthode généalogique, Nietzsche découvre **l'origine de nos valeurs morales**. Il affirme que **la morale inspirée de la pensée judéo-chrétienne est une morale des faibles, car elle nait dans le ressentiment**, plus précisément dans l'esprit de vengeance et dans la haine des dominants (citation 5). Nietzsche ne critique pas la morale en tant que telle. Nous avons au contraire besoin de principes pour distinguer, parmi les choses et les actions, le bon du mauvais. Ce à quoi s'attaque le philosophe, c'est au fondement de notre morale, c'est-à-dire au fondement du sens judéo-chrétien du bien et du mal : le ressentiment. Cette morale est donc précisément celle des faibles. C'est d'ailleurs ce qui fait le succès du christianisme : pour la première fois, le bonheur est promis aux pauvres, aux faibles et aux indigents. Dès lors, l**a faiblesse est valorisée au point de devenir un bien** et la force, un mal. Par ailleurs, le trait fondamental qui distingue la morale judéo-chrétienne est son attitude face à la souffrance : **la souffrance est définie comme un mal**. C'est pour échapper à la souffrance qu'elle invente un arrière-monde.

Toutes les cultures n'ont pas défini le mal ainsi. Les Grecs, par exemple, avaient un autre rapport à la souffrance. Ce sont les chrétiens qui firent véritablement de la souffrance un mal. Or, puisque la vie est souffrance, Nietzsche voit dans les principes de la morale chrétienne une haine et une négation de la vie.

Le temps comme condition indépassable d'existence

Comment échapper au nihilisme ? Comment parvenir à accepter la vie telle qu'elle est ? Nietzsche doute que l'homme soit un jour capable de voir en la souffrance un bien. Il faudrait pour cela qu'il modifie radicalement sa manière de penser le monde. En changeant sa conception des rapports entre la souffrance et la vie, l'homme accèderait à ce que Nietzsche appelle le « sens tragique de l'existence ». En effet, **c'est l'affirmation du caractère essentiellement tragique de l'existence qui permet de dépasser le nihilisme**.

Plus précisément, il s'agit pour l'homme de parvenir à affirmer le temps comme une condition indépassable d'existence : **il faut non seulement accepter, mais aussi affirmer le temps comme son plus grand bien**. Cet argument permet à Nietzsche de **critiquer la métaphysique**. Cette dernière cherche en effet à nier le changement, le passage du temps, et à défendre l'idée que l'essence du monde se trouve dans un arrière-monde. La métaphysique ne pense que des objets éternels et ne conçoit la vérité qu'au-delà du temps. Or cette manière de penser a des conséquences éthiques graves : le ressentiment à l'égard de la vie, la négation de la réalité du monde et, finalement, la décadence de l'homme.

Le sens tragique de l'existence est radicalement opposé aux conceptions religieuses de la vie. Pour les religions monothéistes, la promesse du bonheur après la mort est ce qui rend le temps supportable. Chez Nietzsche, au contraire, **la mort ne vient pas sauver l'homme du temps en lui**

ouvrant les portes de l'éternité : l'homme est condamné à renaitre éternellement à la souffrance. La vie est une pression perpétuelle contraignant l'homme à se dépasser lui-même (<u>citation 6</u>). Cette nécessité est soit affirmée, soit niée. Cependant, la négation condamne l'homme à choisir l'unique alternative à la vie : la mort.

Selon Nietzsche, **seul un être autre que l'homme, un surhomme, est capable d'affirmer l'éternité de la souffrance et le dépassement de soi, et d'y voir son bien**. Au final, l'homme ne peut donc échapper au nihilisme. Cependant, comme le philosophe l'écrit dans *Ainsi parlait Zarathoustra*, **la tâche de l'homme, le but de son existence, est de préparer la venue du surhomme** (<u>citation 7</u>).

EN RÉSUMÉ

Nietzsche s'est dressé contre **la décadence**, qu'il définit comme **un affaiblissement de la volonté humaine**. Selon lui, c'est **la civilisation européenne** qui en est la cause dans la mesure où elle **nie la réalité de la nature, donc l'homme lui-même**. Le philosophe renverse donc le point de vue habituel sur l'existence humaine : alors que c'était jusque-là la raison qui était valorisée, il met en avant **le corps**, qui devient **le critère d'interprétation du monde**.

Il existe selon Nietzsche **une valeur absolue** qui ne dépend pas d'un simple jugement de valeur : **la vie**. La vie est ce qui définit l'être ; par conséquent, il n'y a pas de vie après la mort. Le philosophe critique ainsi la civilisation judéo-chré-tienne qui pense le sens de l'existence humaine par rapport à un au-delà et fait de l'existence terrestre une épreuve. Selon lui, la croyance en l'au-delà est motivée par la peur de la vie et de la souffrance.

D'autre part, aux yeux du philosophe, le rôle de la philoso-phie n'est pas de rechercher la vérité. D'ailleurs, la **vérité est une illusion sur la nature du monde**. Ainsi, il substitue à la connaissance l'interprétation, définie comme une attitude pratique : en interprétant le monde, l'homme évalue les choses et donne sens au monde.

Enfin, le philosophe propose une **solution pour échapper au nihilisme** : il s'agit d'**affirmer le caractère essentiellement tragique de l'existence**. Cela implique d'affirmer le temps comme son plus grand bien. Dès lors, l'homme est condamné à renaitre éternellement à la souffrance, ce qui lui impose de se dépasser lui-même. Seulement, selon Nietzsche, seul le surhomme en est capable.

Votre avis nous intéresse !

Laissez un commentaire sur le site de votre librairie en ligne

et partagez vos coups de cœur sur les réseaux sociaux !

POUR ALLER PLUS LOIN

- BLAY (Michel), *Dictionnaire des concepts philosophiques*, Paris, Larousse, 2007.
- CAILLÉ (Alain) *et alii*, *Histoire raisonnée de la philosophie morale et politique*, Paris, Flammarion, 2007.
- HAAR (Michel), « Nietzsche », in *Histoire de la philosophie*, tome 3, Paris, Gallimard, 1974.
- HUISMAN (Denis), *Dictionnaire des philosophes*, Paris, PUF, 1984.
- NIETZSCHE (Friedrich), *Ainsi parlait Zarathoustra*, traduction de Geneviève Bianquis, Paris, GF Flammarion, 1969.
- NIETZSCHE (Friedrich), *Fragments posthumes*, Paris, Gallimard, 1976-1997.
- NIETZSCHE (Friedrich), *La Généalogie de la morale*, traduction de Patrick Wotling, Paris, Le Livre de Poche, 2000.
- NIETZSCHE (Friedrich), *Le Gai Savoir*, traduction de Patrick Wotling, Paris, Gallimard, 2007.
- NIETZSCHE (Friedrich), *Par-delà le bien et le mal*, traduction de Marc Sautet et d'Henri Albert, Paris, Le Livre de Poche, 1991.
- NIETZSCHE (Friedrich), *Vérité et Mensonge au sens extra-moral*, traduction de Michel Haar et de Marc de Launay, Paris, Gallimard, 2009.
- WOTLING (Patrick), *La Philosophie de l'esprit libre. Introduction à Nietzsche*, Paris, Flammarion, 2008.
- WOTLING (Patrick), « Nietzsche », tome 3, in *Le Vocabulaire des philosophes*, Paris, Ellipses, 2002.

TESTEZ VOS CONNAISSANCES !

ASSOCIEZ CHAQUE CITATION À L'EXPLICATION QUI LUI CORRESPOND

Citation 1 : « [...] l'homme éveillé à la conscience et à la connaissance dit : "Je suis tout entier corps et rien d'autre ; l'âme est un mot qui désigne une partie du corps." » (*Ainsi parlait Zarathoustra*, Paris, GF Flammarion, 1969, partie 1, p. 72)

Citation 2 : « Un nihiliste est un homme qui juge que le monde, tel qu'il est, ne devrait pas exister, et que le monde, tel qu'il devrait être, n'existe pas. Par conséquent, le fait d'exister (agir, souffrir, vouloir, sentir) n'a pas de sens [...]. » (*Fragments posthumes*, Paris, Gallimard, 1976-1997)

Citation 3 : « Qu'est-ce donc que la vérité ? [...] Une somme de relations humaines qui ont été poétiquement et rhétoriquement faussées, transposées, ornées, et qui, après un long usage, semblent à un peuple fermes, canoniales et contraignantes : les vérités sont les illusions dont on a oublié qu'elles le sont [...]. » (*Vérité et Mensonge au sens extra-moral*, Paris, Gallimard, 2009, partie 1, paragraphe 8)

Citation 4 : « En vérité, l'interprétation est un moyen en elle-même de se rendre maître de quelque chose. Le processus organique présuppose un perpétuel interpréter. » (*Fragments posthumes*, Paris, Gallimard, 1976-1997)

Citation 5 : « La révolte des esclaves dans la morale commence lorsque le ressentiment lui-même devient créateur et enfante des valeurs : le ressentiment de ces êtres, à qui la vraie réaction, celle de l'action, est interdite et qui ne trouvent de compensation que dans une vengeance imaginaire. » (*La Généalogie de la morale*, Paris, Le Livre de Poche, 2000)

Citation 6 : « Je suis ce qui est contraint de se surpasser sans cesse soi-même. » (*Ainsi parlait Zarathoustra*, Paris, GF Flammarion, 1969)

Citation 7 : « Le surhomme vous ne pouvez le créer en vous, mais vous pouvez devenir les frères et les ancêtres du surhomme. » (*Ainsi parlait Zarathoustra*, Paris, GF Flammarion, 1969)

Explication a : l'interprétation permet à l'homme, en évaluant les choses, de donner du sens au monde, donc de mieux s'orienter dans le monde et d'augmenter sa puissance d'action.

Explication b : la vérité désigne un ensemble d'illusions dont on a oublié qu'elles le sont, autrement dit un mensonge sur la véritable nature du monde.

Explication c : alors que c'était jusque-là la raison qui permettait de comprendre l'homme, Nietzsche renverse le point de vue et fait du corps le critère d'interprétation du monde, car l'homme est avant tout un corps.

Explication d : la civilisation, en se définissant par un jugement négatif sur la nature, est la cause de la décadence.

Explication e : la vie, en tant que souffrance, est une pression perpétuelle qui contraint l'homme à se dépasser constamment lui-même.

Explication f : il existe une valeur absolue que l'on ne peut critiquer sans dévaloriser sa propre condition : il s'agit de la vie elle-même.

Explication g : seul un être autre que l'homme, un surhomme, est capable de créer de nouvelles valeurs.

Explication h : la décadence correspond à une faiblesse de la volonté, lorsque l'individu, dominé par un conflit entre ses pulsions dont aucune ne sort gagnante, ne parvient plus à vouloir.

Explication i : le nihiliste éprouve notamment le sentiment que l'existence n'a pas de sens.

Explication j : la morale actuelle est une morale des faibles, car elle est fondée sur le ressentiment et sur le désir de vengeance vis-à-vis des dominants.

Rendez-vous sur lepetitphilosophe.fr et découvrez :

Plus de 1200 analyses
Claires et synthétiques
Téléchargeables en 30 secondes
À imprimer chez soi

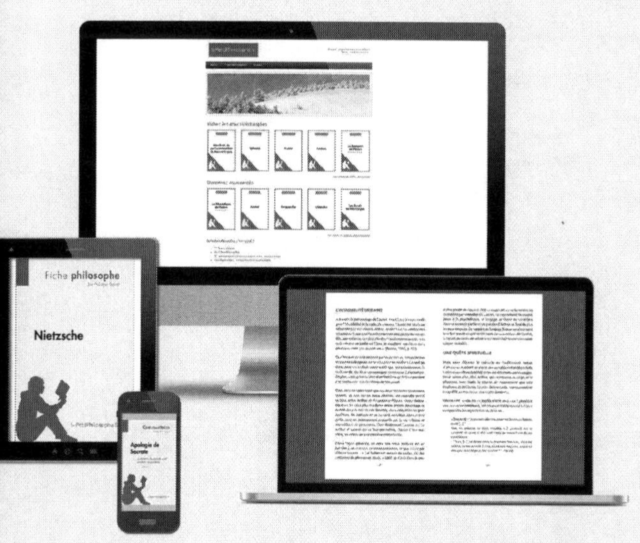

www.lepetitphilosophe.fr

ISBN version numérique : 978-2-8062-4961-6
ISBN version papier : 978-2-8080-0153-3
Dépôt légal : D/2017/12603/537

Conception numérique : Primento,
le partenaire numérique des éditeurs.